AF467596

BIBLIOTHÈQUE D'ÉDUCATION NATIONALE

DAUMESNIL

(1776-1832)

Il n'a voulu ni se rendre ni se vendre   *Daumesnil*

Dupin

DAUMESNIL (1776-1832.)

COLLECTION PICARD

BIBLIOTHÈQUE D'ÉDUCATION NATIONALE

LES GRANDS FRANÇAIS

DAUMESNIL

(LA JAMBE DE BOIS)

PAR

A. PIAZZI

Nombreuses gravures

PARIS

A. PICARD & KAAN
ÉDITEURS
11, rue Soufflot, 11.

MAURICE DREYFOUS
ÉDITEUR
13, faubourg Montmartre, 13

A PIERRE DE CLAIRVAL

Arrière-petit-fils du général Daumesnil.

A. P.

DAUMESNIL

(LA JAMBE DE BOIS)

« Daumesnil avait un cœur d'or coulé dans un corps de bronze. »

I

JEUNESSE DE DAUMESNIL

Le fils de l'ancien soldat. — Le duel. — Le départ de Périgueux. — L'armée des Pyrénées. — Daumesnil blessé. — Les campagnes d'Italie. — L'étendard autrichien.

Les soldats donnent presque toujours un surnom à leur chef. Au baptême du feu il faut un nom de guerre. Napoléon n'était appelé que le « petit caporal ». Bugeaud avait reçu le nom de « Père ». Lanoue celui de « bras de fer »; enfin Daumesnil, amputé à Wagram, était pour tous : *la Jambe de bois*.

Quel type sympathique que ce jeune cavalier aux traits réguliers, aux cheveux noirs et frisés, aux yeux fiers et doux! La beauté physique ajoute un charme de plus à la beauté de l'âme, à la droiture du caractère. Daumesnil plaisait à ses soldats par son aspect vigoureux et sa noble figure; à ses chefs par l'honnêteté de ses sentiments et son courage à toute épreuve.

Fils d'un ancien capitaine de cavalerie, Yriex Daumesnil avait la passion des armes. Né à Périgueux en 1776, il faisait ses études en cette ville, lorsqu'à peine âgé de quinze ans, il reçut d'un artilleur une insulte fort grave. Daumesnil n'était pas homme à supporter un affront sans qu'on le réparât. Il exigea que l'artilleur se battît en duel avec lui. Malgré son jeune âge et son inexpérience à l'épée, Daumesnil voulut venger l'injure; mais fougueux et inhabile, il se rua sur son adversaire et le tua, bien que toutes les règles de l'escrime eussent été respectées.

Ce terrible dénouement terrifia le jeune Daumesnil. Il désirait une réparation, et non point la mort de son adversaire. Sa nature exubérante et toute méridionale, excitée par la colère, se calma tout à coup pour faire place au plus violent désespoir, au plus sincère regret.

Il ne voulut pas donner à ses parents le triste spectacle de sa victoire; bien qu'il n'eût à se reprocher qu'une très grande susceptibilité sur le point d'honneur, Daumesnil songea aussitôt à quitter Périgueux. Affronter les justes reproches de son père, assister aux larmes de sa mère était au-dessus de ses forces. Affolé, et toujours prompt à suivre l'impulsion du premier mouvement, il quitta sa ville natale le soir même de son malheureux duel. Il partit l'âme navrée, sans argent, sans avoir donné à ses chers parents un baiser d'adieu!

Certes, parmi ses tristesses, une des plus vives était de ne pas avoir reçu l'accolade maternelle et la bénédiction paternelle.

Le pauvre enfant s'enfuit à pied comme un banni, errant de village en village, se privant de nourriture, pour ne point recevoir une hospitalité qu'il ne pouvait payer.

L'émotion fut grande à Périgueux quand on connut l'issue du duel. On trouva l'offensé trop jeune pour venger son honneur, et l'opinion s'alarma d'apprendre que cet écolier brandissait le sabre aussi facilement que la plume. Mais bientôt la sympathie fut acquise à la famille éplorée, à la conduite délicate du fugitif.

Cependant Daumesnil arrivait à Toulouse. C'était la première fois qu'il entrait dans la belle ville des *Capitouls*. Il lui trouva un aspect extraordinairement animé. Les rues étaient pleines de soldats, les pavés retentissaient sous les talons de bottes éperonnées.

C'était l'armée des Pyrénées qui s'apprêtait à conquérir l'Espagne. Quelle aubaine pour notre aventureux jeune homme ! Il va s'engager et ne reviendra au pays qu'avec les épaulettes... Son père pourra-t-il lui refuser son pardon et sa mère ses caresses, quand il aura répandu son sang pour la patrie?

Et s'il ne revient pas ?.... Eh bien, il sera mort sur le champ de bataille, en criant : *Vive la France !...* Ses parents le pleureront, ses concitoyens vénéreront sa mémoire.

Voilà quelles étaient les pensées de cet enfant de quinze ans ! L'honneur et la droiture envahissaient son âme à ce point qu'il ne songeait pas à autre chose qu'à assouvir ces deux grandes passions.

Daumesnil apprit que des engagements

L'armée des Pyrénées s'apprêtait à conquérir l'Espagne.

allaient se faire au 22e chasseurs. Il se présenta avec les volontaires. Il était grand, avait le regard brillant et la mine fière. Il fut accepté et partit pour l'Espagne.

Simple soldat, il allait peu à peu conquérir ses grades et ses titres à la pointe de son épée.

Il marcha donc résolument, bravement dans les rangs de la « grande armée », sachant que chaque homme est utile à son pays, si humble que soit tout d'abord sa place. Chaque épi de blé ne grossit-il pas la gerbe du moissonneur?

Or, le moissonneur, à cette époque, se nommait le *général Bonaparte*. Il allait semer la mort et récolter la gloire, faisant respecter du monde entier, son pays : LA FRANCE. Et Daumesnil que toute action héroïque enflammait, se sentait déjà relevé à ses propres yeux, rien que parce qu'il faisait partie de cette phalange de braves.

Blessé à sa première campagne, il fut si grièvement atteint qu'on le crut perdu. Sa famille savait enfin où il était ; elle avait lu le nom de Daumesnil inscrit parmi les blessés, et écrivit aussitôt pour qu'on le ramenât, mort ou vif, à Périgueux.

Soigné par sa mère, réconforté par l'affection de son père et la bienveillance de ses concitoyens, le brave enfant se remit. Il fut touché de la sympathie qu'éveillait sa conduite. On avait compris à Périgueux que la fougue d'Yriex Daumesnil se doublait d'une âme délicate, et que ce caractère si bien trempé était celui d'un héros.

Daumesnil quitta sa ville natale, non plus fuyant comme un coupable, mais gaiement accompagné par le sourire de tous ceux qu'il aimait.

A peine guéri, le soldat voulut se remettre en marche. Désormais il ne s'appartenait plus, son cœur et ses aspirations se dirigeaient vers son drapeau, son régiment, son général en chef.

Son père comprit cette attitude guerrière et l'encouragea; sa mère avait l'âme noble et connaissait déjà le sacrifice... elle le laissa partir...

C'était en 1796. Bonaparte venait d'obtenir le commandement des armées d'Italie. A la veille de commencer cette glorieuse campagne, le jeune général organisa une compagnie de *guides*. Ce devaient être de hardis compagnons prêts à sacrifier leur vie pour sauver le régiment qu'ils devançaient.

Il fallait s'attendre à déjouer la ruse des

paysans italiens, à démasquer leurs embuscades, à braver plus d'un coup de couteau... La trahison pouvait se rencontrer à chaque pas, et la fatigue viendrait s'ajouter à toutes les vicissitudes qui assail-

BONAPARTE (1769-1821)
Général en chef de l'armée d'Italie.

lent les combattants. Les soldats d'Annibal avaient suivi, des milliers d'années auparavant, les mêmes chemins escarpés, arides, montueux, sous un ciel toujours bleu, duquel tombait une chaleur intense, malgré la saison peu avancée. (On était au mois de mars.)

L'armée de Bonaparte devait montrer plus de vaillance encore que l'armée du général carthaginois. Ces deux chefs jeunes et audacieux, Annibal et Bonaparte, se mesuraient fièrement à dix huit cents ans de distance.

Le courage était donc nécessaire à la compagnie des guides, et cela attira Daumesnil qui se présenta un des premiers pour en faire partie. — « Il faut des braves, j'en suis ! » s'était-il écrié. Son exemple fut suivi par une élite de jeunes soldats, dévoués à leur chef et à leur patrie. Lorsque le 26 mars 1796, Bonaparte arriva à Nice suivi de son armée, laquelle se composait de trente mille hommes, on admira l'air martial de ces militaires, presque tous du Midi, bruns, décidés, joyeux, entonnant le *Chant du Départ* (1) avec un entrain qui gagnait tous les cœurs et faisait tressaillir les plus insensibles. Si le général en chef était riche en espérance, en revanche

(1) Le *Chant du Départ* avait été composé par Marie-Joseph Chénier, et la musique par Méhul.

il n'emportait qu'une faible somme : 2000 louis et un million de mauvaises traites. Mais il avait compté sur ses conquêtes. L'abeille qui se lève au matin pour butiner au cœur des roses n'a pas emporté le moindre atome de miel.

Tandis que Daumesnil n'était encore qu'un obscur guide, on nommait déjà autour de Bonaparte, des noms célèbres alors, immortels aujourd'hui : *Masséna, Augereau, Sérurier, Murat, Lannes, Berthier...*

Les trente mille hommes de Bonaparte, mal équipés, mal vêtus, à peine aguerris aux batailles, avaient à combattre cinquante-deux mille Autrichiens et Piémontais, commandés par le baron de Colli et le baron de Beaulieu. Ils les combattirent victorieusement.

Daumesnil se montra un des audacieux parmi cette milice d'audacieux. Il sut se faire remarquer, et ce n'était pas chose facile en ces batailles héroïques. Le péril semblait attirer le jeune guide, et il le bravait avec un bonheur incroyable, une hardiesse téméraire.

Pendant ces campagnes d'Italie qu'on nomme immortelles, parce qu'elles sont dignes des dieux, Daumesnil enleva plusieurs

BERTHIER (1752-1815), Maréchal de France sous le premier Empire, prince de Wagram.

drapeaux à l'ennemi. C'étaient toujours ces trophées, difficiles à conquérir et précieux à garder, qui animaient sa convoitise.

Un jour il eut la gloire d'en prendre deux dans la même bataille.

2

Daumesnil apporta son premier drapeau à Bonaparte, espérant un mot, un regard du chef; mais celui-ci occupé par l'action, ne prit pas garde à ce nouveau trophée. Ni éloges, ni remerciements ne récompensèrent le vaillant guide.

Celui-ci ne se découragea pas :

— Bah! ce sera pour la prochaine fois! se dit-il. Et il se rejeta dans la mêlée.

Le soir, Daumesnil s'approchait de l'état-major général, ayant un second drapeau en main. C'était un précieux étendard autrichien, brodé par les mains de l'Impératrice et offert par elle aux volontaires viennois. Une cravate brodée d'or, portant les initiales de Sa Majesté, s'attachait à la hampe et en rehaussait la beauté.

Le général Bonaparte avait, pendant toute la bataille, fixé sa longue-vue sur cet étendard impérial; aussi, dès qu'il l'aperçut entre les mains de Daumesnil, il fit un geste joyeux. Mais il resta frappé d'étonnement en voyant que la cravate dorée avait disparu.

— Il me semble que cet étendard possédait une cravate superbe, nouée à la hampe?

dit le général en prenant le drapeau que lui tendait le guide.

— Mon général! répondit franchement Daumesnil en sortant la cravate de sa poche, comme je n'avais rien reçu pour le premier drapeau, je m'étais permis de me payer pour le deuxième...

Hussard de Chamborand.
1794

II

DAUMESNIL ET BONAPARTE

Daumesnil sauve la vie à Bonaparte. — Arcole. — Aboukir. — Saint-Jean d'Acre.

La bataille de Montenotte fut le premier pas de Bonaparte dans le chemin de la victoire. Désormais, rien ne s'opposait à la conquête de l'Italie, ce pays merveilleux, si riche en chefs-d'œuvre, nature féconde et climat délicieux.

L'armée vivait de privations, sans cesse allêchée par les promesses des chefs, et goûtant par avance le bien-être et les richesses qu'on lui prédisait.

Lorsque du haut de Monte-Zemoto les soldats virent se dérouler les plaines fertiles de l'Italie, ils jettèrent des cris de joie et s'élancèrent à Mondovi. Là les attendait une autre victoire. Le roi de Sardaigne était à la discrétion de la France.

Comme un satellite entraîné vers un astre d'un ordre supérieur, le suit en sa course par un attrait irrésistible, Daumesnil ne quittait point Bonaparte. Le général l'avait remarqué. Il voyait avec plaisir ce beau visage à ses côtés, et ayant gardé de son origine italienne une ombre de superstition, il disait volontiers à son entourage que Daumesnil était un bon ange, un *ange gardien.*

Le fidèle guide prouva, du reste, à son général qu'il était mis sur sa route pour le préserver: deux fois, il lui sauva la vie.

Intrépide et aventureux, Bonaparte s'exposait volontiers. Il possédait, comme Daumesnil, l'attrait du danger. Toujours en tête de son armée, monté sur son cheval arabe (aussi célèbre que Bucéphale qui portait Alexandre), le général risquait ses jours avec une insouciance inquiétante. Heureusement *son guide* avait les yeux sur lui!

On sait qu'au pont d'Arcole, Bonaparte prenant un drapeau des mains d'un enseigne, s'élança le premier pour donner l'élan à ses soldats, puis, se jeta dans le fleuve qui charriait des cadavres, des poutres et des matériaux de toutes sortes.

Bonaparte, quoique bon nageur, ne put regagner le bord. Il était le point de mire des balles ennemies, et, gêné dans ses mouvements par les épaves que portait le fleuve, il aurait certainement péri; mais deux de ses guides étaient là, épiant ses mouvements avec anxiété...

Daumesnil et Mussy, compagnons d'armes, unis par l'amitié et le désir de servir leur pays, de conquérir un grade, avaient compris le danger que courait leur chef. Quand ils le virent se débattre au milieu du courant, ils se jetèrent à la nage et arrivèrent à temps pour soutenir Bonaparte à demi asphyxié.

Plus tard, ce fut à Aboukir que Daumesnil sauva la vie à son général.

Monté sur une pièce de canon, la lorgnette en main, pour mieux observer l'ennemi, Bonaparte ne s'apercevait point que le feu des Arabes était dirigé vers lui.

Daumesnil est à ses côtés, heureusement. Devinant le péril, il enlève Bonaparte dans ses bras sans plus de façon.

A ce même instant, un lieutenant d'état-major prend la place occupée par le général. Mais à peine y est-il monté, qu'un boulet de canon le renverse et le tue, tandis que Daumesnil dépose à terre son précieux fardeau, qu'il vient de sauver d'une mort certaine, en lui disant simplement :

— Excusez de la liberté, mon général!

Le général Bonaparte ne s'étonnait plus des prouesses de son guide. Il l'y avait habitué.

Une autre fois encore, la mission d'*ange gardien* s'accomplit à Saint-Jean d'Acre.

On faisait le siège de la ville; une bombe étant venue tomber aux pieds de Bonaparte, Daumesnil court à lui et lui fait un rempart de son corps.

La bombe éclate et, par miracle, laisse intacts les deux jeunes héros.

Un seul mot de reconnaissance, qui dépeint l'admiration de Bonaparte, tombe de ses lèvres émues : — Quel soldat! dit-il, en serrant la main de son guide.

Le bruit du canon couvre la voix, mais Daumesnil a recueilli avidement les paroles de son général; elles l'encouragent, elles l'animent : un compliment de Bonaparte était plus apprécié qu'un grade.

Infanterie de ligne,
1796

III

HEURES TRISTES

Le siège de Saint-Jean d'Acre. — Daumesnil reçoit un sabre d'honneur. — Un traître à la Patrie. — La discipline est la loi pour le militaire. — Daumesnil, à trente ans, commande un régiment d'élite.

Après avoir conquis toute l'Italie et réduit l'Égypte, Bonaparte voulut marcher sur la Syrie. Presque toute l'Europe lui était soumise; l'Afrique devenait sa vassale, gouvernée par Desaix qu'on surnomma « le Sultan juste »; maintenant l'Asie le tentait. Mais la Syrie ne devait être qu'un passage livrant le chemin des Indes. Des envoyés secrets avaient déjà gagné le Schah de Perse à la cause française, il ouvrait amicalement les chemins de Bassora et de Chiraz. La France devait, avant peu, compter quarante mille Français sur les rives de l'Indus. Renverser les établissements anglais de l'Inde, soumettre l'Orient par nos armes, quelle ambition! Bonaparte voulait que son pays fût le plus grand de l'Univers et que la

DESAIX (1768-1800), Général de la République, tué à la bataille de Marengo au moment où il venait de décider la victoire.

terre entière répondît au nom de *France !*

Hélas! de si nobles projets, des plans si gigantesques devaient échouer devant une petite place.

Saint-Jean d'Acre, fort de l'amitié promise par l'Angleterre, ne voulut point se rendre. Cette ville est la clef de la Syrie.

En 1799, lorsque Bonaparte mit le siège sous les murs de Saint-Jean d'Acre, les remparts n'avaient rien de formidable, et on pouvait l'emporter, mais les pièces de siège n'arrivaient point...

L'armée française campa sur cette même colline du Thuron où l'avaient précédée les bannières de Philippe-Auguste, de Richard Cœur-de-Lion et de Gui de Lusignan, lors des Croisades, en 1191.

La rage au cœur, Bonaparte gâté par la victoire, voyait la longue résistance de Saint-Jean d'Acre. Cet échec déjouait tous ses plans, toutes ses combinaisons; il eût voulu pulvériser la place, mais le courage des assaillants était sans force devant l'impossibilité de l'assaut!

Daumesnil était parvenu un jour à bousculer ses camarades et à arriver le premier jusqu'aux portes de la citadelle. Sa bravoure, cette fois, fut inutile; le brave soldat fut précipité au fond des fossés par l'explosion d'une mine. Cette chute effroyable le laissa pourtant sain et sauf.

Le soir, il reçut en récompense un des sabres d'honneur décernés aux héros de cette journée sanglante.

L'histoire nationale qui aime à enregistrer les hauts faits des « Grands Français » a mission aussi de signaler les traîtres à la patrie.

Si la France fit en vain, pendant deux mois, le siège d'une petite ville musulmane, c'est d'abord parce que les ordres de Bonaparte furent mal compris et mal exécutés, et qu'ensuite un Français qu'on ne saurait trop flétrir, un de ses anciens camarades, jaloux de sa gloire — l'officier *Phelippeaux* — s'offrit au pacha d'Acre pour défendre les remparts contre les Français, contre ses compatriotes, ses frères d'armes. Ce malheureux mit son habileté au service des Arabes, et il en fut puni, car le 1er mai, il tomba tué raide par une balle française.

Le mépris d'une telle conduite sera l'oraison funèbre de Phelippeaux. Car quel que soit le parti d'un homme, ses convictions, ses haines ou son intérêt, il ne doit jamais les préférer au service de la Patrie.

Servir la patrie est un devoir auquel aucun citoyen ne peut se soustraire.

Le 21 mai, Bonaparte dut lever le siège de Saint-Jean d'Acre. Pour masquer sa fuite, il le fouetta d'une terrible fusillade.

Tout en revenant vers l'Égypte, l'armée laissait dans les hôpitaux de nombreux blessés et des malades désespérés de mourir si loin de la patrie.

Comme le général en chef, Daumesnil eut en Afrique des heures tristes.

Un soir, dans un café du Caire, le guide et ses amis s'étaient réunis autour d'un punch gigantesque.

La joie exubérante des soldats fut soudain interrompue par l'arrivée d'officiers supérieurs et de généraux qui s'installent dans le même café.

Contrariés par ces « gêneurs », nos guides un peu gais (peut-être un peu gris) lancèrent quelques mots désobligeants. On leur répondit, une discussion s'alluma, et oubliant le respect qu'ils devaient à leurs chefs, les soldats osèrent proférer des menaces.

La discipline est la loi pour les militaires.

L'enfreindre, c'est s'exposer à mériter ses coups. Le lendemain, la bande joyeuse, dégrisée et repentante, fut traduite en conseil de guerre. La rébellion est punie de mort en temps de guerre. C'est surtout à l'étranger qu'il faut, par la sévérité, prêcher d'exemple. La conduite des guides avait produit un grand scandale dans l'armée, il fallait punir. Le courage n'exclut pas la soumission et l'obéissance. Les guides furent condamnés à être fusillés. Bonaparte, cependant, s'émut en apprenant la sentence qui frappait Daumesnil.

Se souvenant qu'il lui devait deux fois la vie il voulut sauver son guide.

— Demandez votre grâce au général, dit-on à Daumesnil, il vous pardonnera.

— Jamais, sans mes camarades! Qu'on me gracie ou qu'on me fusille avec eux! s'écria le bouillant Daumesnil.

On ne tint pas compte des propos exaltés de cette âme généreuse. Le guide fut sauvé quand même.

Il assista à l'exécution de ses camarades et rentra dans sa prison, le désespoir au cœur.

Cette leçon mémorable modifia très sensiblement la conduite de Daumesnil. L'arrêt terrible du conseil de guerre le rendit un des plus fervents adeptes de la discipline.

La transformation morale de Daumesnil

Il avait suffi d'un geste de Bonaparte pour allumer l'intrépidité du jeune guide.

amena bientôt son avancement. La raison était enfin entrée dans cette tête chaude, et le cœur honnête s'y révélait maintenant sans entraves.

Chacun de ses traits d'héroïsme fut souligné par un nouveau grade.

En Égypte, Daumesnil décida du sort d'une bataille en traversant les lignes ennemies pour aller tuer à bout portant le chef arabe qui commandait.

Il avait suffi d'un geste de Bonaparte, lui désignant du doigt le mameluck, pour allumer l'intrépidité du jeune guide. Rompant les rangs, il avait « fait descendre le cavalier », ainsi que le désirait le général.

Homme de guerre avant tout, Daumesnil ne voyait plus l'homme dans l'ennemi, mais l'obstacle; aussi cherchait-il à le renverser coûte que coûte, au cri de : *Vive la France!*

Grâce à ce patriotisme fervent, le jeune soldat obtint la gloire de commander à trente ans un des régiments d'élite de la Grande Armée.

Ses soldats, enflammés par son exemple, racontaient de lui des prouesses étonnantes, des actes de courage des plus hardis. On comprend qu'une bataille était vite gagnée avec de tels chefs. La bravoure est contagieuse. Elle fait vibrer tous les cœurs jeunes et belliqueux. La belle conduite de Daumesnil trouva des imitateurs.

IV

NOUVELLES VICTOIRES

Daumesnil colonel. — Des barricades formées de fourgons. — Ce que peut le devoir.

Une preuve de l'ascendant que le colonel Daumesnil avait sur ses soldats nous est fournie dans un livre où nous puisons nos notes comme dans une mine d'or (1).

Du titre de lieutenant, notre héros était bientôt monté à celui de colonel. On sait avec quelle libéralité Bonaparte récompensait les siens.

C'était pendant la guerre d'Italie.

Le détachement que commandait Daumesnil fut arrêté en chemin par des barricades, formées à la hâte à l'aide de fourgons.

(1) *Gens de guerre*, par le général Amber (épuisé).

Pour retarder la marche de l'armée française les Italiens n'avaient pas cru trouver un meilleur moyen que d'abandonner une partie de leur numéraire. — Le grand Frédéric disait le moyen infaillible.

MASSÉNA (1758-1817), Général de la République et de l'Empire.

Des pièces d'argent ruisselaient à travers les rainures des caissons, défoncés à dessein, afin d'arrêter les regards des Français et allumer leur convoitise.

Ces pauvres gars, fatigués, affamés, mal vêtus, mal payés, ne devaient pas hésiter à recueillir cette pluie d'or. Peut-on empêcher le troupeau altéré de boire au torrent qu'il traverse ?

Pour ces malheureux soldats de la République, trouver un trésor dans la poussière, c'était la réalisation d'un rêve insensé, une apparition féerique, inattendue, inespérée...

Daumesnil savait que le temps était précieux; on attendait son détachement pour le rallier aux troupes de Masséna, il fallait à tout prix arracher les soldats à la fascination de l'or.

Braver la mort n'était qu'un jeu pour ces hommes de fer, mais abandonner la fortune était héroïque de la part de ces déguenillés.

Pourtant Daumesnil accomplit ce miracle.

— En avant ! camarades ! cria-t-il de sa voix vibrante, l'ennemi est là-bas, atteignons-le, et ne prenons pas garde à ces éclaboussures !

Et tandis que le colonel escaladait les fourgons remplis d'or, ses fidèles housards le suivaient sans broncher.

Le devoir que Daumesnil avait su invoquer à temps, éteignit la flamme de convoitise que la vue d'un trésor avait allumée.

Les sabots des chevaux, piétinant les pièces d'or, étoilèrent la route de paillettes lumineuses, tel qu'un foyer ardent, chassé par le vent, jette après lui des milliers d'étincelles.

Grenadier
d'infanterie légère.
1796

V

UNE PAGE DE LA GUERRE CONTRE L'ITALIE.

L'armée française en détresse. — Quinze mille hommes contre quarante mille. — Victoires de Rivoli et d'Ancône. — Daumesnil devient l'ami de Bonaparte. — Bonaparte se fait sacrer empereur.

L'Autriche n'avait pu supporter les blessures faites à son orgueil et à ses possessions. L'armée de Bonaparte, en envahissant l'Italie, portait une terrible atteinte à sa renommée et à sa fortune. Aussi s'apprêtait-elle à lancer de nouvelles troupes sur les bords de l'Adige.

Bonaparte n'était plus en mesure de résister. Son armée était excédée de fatigue. Les soldats marchaient nu-pieds n'ayant plus de souliers à se mettre; les habits déchirés, usés, troués par les balles, tombaient en lambeaux; on avait bien pris çà et là des vêtements à l'ennemi, mais pouvait-on consentir à laisser les Français porter des uniformes italiens? Après avoir conquis la péninsule, le général en chef craignait de perdre le fruit de ses victoires.

« ... Aucun des secours attendus ne sont arrivés, écrivait-il de Vérone au Directoire, j'ai fait mon devoir, l'armée fait le sien; mon âme est déchirée, mais ma conscience est en repos. Des secours, envoyez-moi des secours! »

Mais le Directoire restait sourd aux supplications de Bonaparte.

Poussé par sa destinée prodigieuse, malgré la tristesse et l'abandon dans lequel le gouvernement laissait ses troupes, Bonaparte inspire la confiance à ses soldats et ne craint pas d'affronter le général en chef de l'armée autrichienne, le feld maréchal Alvinzi. Quinze mille hommes compris dans les divisions de Masséna et d'Augereau composaient les forces françaises; l'Autriche, elle, s'avançait par le Frioul avec plus de quarante mille hommes! L'infériorité de nos armes ne donnait que plus de valeur au courage des soldats.

Tandis que l'ennemi emportait Bassano et les deux rives de la Brenta, Trente et Vicence, afin d'aller rejoindre les divisions tyroliennes, Bonaparte suit l'Adige, fait jeter la nuit, à Ronco, un pont sur le fleuve et le traverse. On force Arcole, où Bonaparte aurait trouvé la mort sans les soins de Daumesnil, et par cette manœuvre on égalise les chances de la lutte. La 32e demi-brigade, placée en embuscade dans les bois, prend l'ennemi en flanc et l'écrase. Un officier des guides avec *vingt-cinq* hommes tombe sur le dos des Autrichiens en sonnant si brillamment de la trompette, que l'ennemi déconcerté, croyant à l'apparition de l'avant-garde de tout un escadron, s'enfuit.

Mais les Autrichiens ne se tenaient pas pour battus; ils se ravitaillent, ils se consultent avec les Tyroliens, tandis que les Français exténués avancent encore, vu l'impossibilité où ils sont de reculer.

Ce fut à cette époque que Bonaparte resta huit jours sans se débotter. La supériorité de notre tactique et l'élan prodigieux de nos soldats décidèrent de la victoire. Rivoli, Ancône, furent pris par les Français. Bonaparte, aux portes de Rome, réclama trente millions au pape Pie VI, plus des objets d'art qu'on envoya, comme trophées de nos armes, aux musées de Paris.

La fortune ayant décidé en faveur des Français, ceux-ci s'avancent toujours. Ils iront jusqu'à Venise, ébranler à jamais la vieille république, et le drapeau tricolore réfléchira ses trois couleurs dans les eaux bleues de l'Adriatique.

Un arc de triomphe construit devant les Tuileries, place du Carrousel, a été élevé en l'honneur de Bonaparte. Pour le couronner, celui-ci expédie les quatre chevaux de bronze qui ornent la façade de l'église Saint-Marc.

Pendant quinze ans ce superbe attelage orna l'arc de triomphe, rappelant par son ancienneté les arcs de Trajan et de Néron qu'il avait également couronnés à Rome.

Notons en passant que ces chevaux de

bronze, seul attelage à quatre que nous ait légué l'antiquité, a depuis dix-huit cents ans voyagé plusieurs fois.

Sculptés par Lysippe, célèbre sculpteur grec, ces chevaux ornèrent les arcs de triomphe à Rome pendant quatre cents ans; puis, ils furent enlevés par Constantin, vainqueur, et portés à Byzance où ils ornèrent l'Acropole. Huit cents ans après, le doge Dandolo, vainqueur à son tour, les ramena en Italie, à Venise où ils furent déposés sur la façade de l'église Saint-Marc jusqu'à l'époque où Bonaparte les fit de nouveau voyager.

Si ces quadrupèdes pouvaient écrire leurs mémoires, que de choses intéressantes ils pourraient nous dire, eux qui ont vécu pendant que vingt générations se succédaient sous leurs yeux de bronze!..

Ce fut après la conquête de l'Italie que vint à l'esprit de Bonaparte d'envahir l'Égypte et l'Asie, où Daumesnil sut conquérir son estime et son amitié.

Revenu en France pour se faire sacrer empereur, Bonaparte devait reprendre bientôt le cours de ses pérégrinations militaires. L'Autriche le provoque et il part, s'appuyant sur la gloire et sur la vaillance de ses soldats.

Le sacre de Napoléon le 2 décembre 1804.

Daumesnil avait, lui aussi, sa part de gloire et d'avenir !

L'empereur ne dissimulait plus la confiance et l'affection qu'il portait à son sauveur, et maintes fois, pendant la campagne d'Autriche, il confia d'importantes missions au colonel Daumesnil. C'était sa façon de faire éclater son amitié. Plus la mission était périlleuse, et plus le messager était envié. On savait que Napoléon choisissait bien ses hommes, car pour les connaître il les éprouvait tout d'abord.

Grenadier de la Garde. 1806 — Voltigeur d'infie légère. 1809

VI

WAGRAM

Napoléon et l'archiduc Charles. — La traversée du Danube. — La fuite des Autrichiens. — Daumesnil, blessé par un boulet, perd sa jambe gauche à Wagram.

Hélas! tant d'espérances, d'ardeur et de noble ambition devait se changer bientôt en cruel sacrifice. Le soleil de Wagram fut pour notre héros ce que le soleil de Waterloo fut pour Napoléon : l'astre brillant d'un jour néfaste.

Daumesnil avait alors trente-deux ans, et bien que criblé de blessures, — il en comptait fièrement presque autant que d'années, — il était le type du plus beau soldat, du plus intrépide cavalier.

Nous devons ouvrir ici une parenthèse, pour rappeler en quelques mots quelle fut cette célèbre bataille de Wagram qui décida du sort de nos armes en Autriche.

Le génie de Napoléon avait mené en trois mois une campagne dont l'issue semblait fort douteuse pour lui.

Il avait des troupes novices, éparses de tous les côtés, lorsqu'il marcha, en avril, contre l'armée de l'archiduc Charles, lequel avait des soldats aguerris et préparés depuis longtemps à cette guerre, improvisée pour Napoléon.

Quelques jours suffirent pour ravitailler, compléter et rallier l'armée française, pour la concentrer devant l'ennemi. L'Empereur réussit alors à couper en deux l'armée de l'archiduc et à la rejeter en Bohême et en Autriche. Puis, poursuivant les troupes autrichiennes dispersées sur les deux rives du Danube, il ne leur laisse pas le temps de se rallier avant Vienne, et pénètre dans la capitale de l'Autriche un mois après l'ouverture de la campagne. Les revers essuyés en Italie sont bien vengés!

L'Empereur comprend l'avantage que lui donne sur l'archiduc Charles la promptitude de ses décisions. Tandis que le chef de l'armée autrichienne flotte indécis d'un projet à un autre, et n'en exécute aucun, Napoléon, pressé d'en finir et forçant la fortune, veut franchir le Danube.

La crue subite du fleuve l'arrête dans son projet mais ne l'en détourne pas. Ayant eu l'idée sublime de choisir l'île de Lobau pour appuyer ses ponts de bateaux, il emploie tout le bois qu'il peut trouver à faire un immense radeau, et en quelques heures, l'ennemi surpris voit cent cinquante mille hommes et cinq cents canons traverser le fleuve ! La fureur des éléments semble se déchaîner cette nuit-là et couvrir de son ombre le passage de l'armée française.

Le fracas du tonnerre se mêle tout à coup au bruit du canon, et, à la lueur des éclairs, les Autrichiens épouvantés aperçoivent les Français sur leur rivage !

A l'aube, un soleil de juillet éclaire la plaine de Wagram de ses rayons ardents. Daumesnil avait reçu, comme tous les chefs, des ordres très concis mais très énergiques. Il apparaît à ses soldats plus intrépide que jamais, éperonnant son cheval en criant le commandement :

— Chargez !

La plaine se couvre d'un épais tourbillon de cavalerie, tandis que les cuirassiers autrichiens sont obligés de rétrograder en s'enfuyant dans le plus grand désordre.

L'instant est propice pour la charge de notre cavalerie qui profitera de ce moment de confusion pour faire de nombreux prisonniers. La tempête guerrière se déchaîne avec la rapidité de l'éclair. La grêle des balles se mêle aux grondements du canon, au bruit sourd des escadrons fauchant les ennemis épouvantés. L'armée de l'archiduc est ébranlée par cette attaque inopinée de cent bouches à feu qui vomissent feu et flammes. Le centre des forces ennemies, arrêté par Macdonald, bat en retraite. La droite suit ce mouvement rétrograde; le maréchal Davout enlève la position des hauteurs de Neusiedel, ce qui force l'archiduc Charles à se rejeter en Bohême. De son côté, Oudinot charge sur la droite, escalade sous un feu meurtrier le plateau où se trouve la tour carrée de Neusiedel. Sur un front de trois à quatre lieues l'armée française a enveloppé

DAVOUT (1770-1823), Général de l'Empire, Maréchal de France, Duc d'Auerstedt, prince d'Eckmühl.

l'armée autrichienne. Malgré sa vaillance, il faut qu'elle batte en retraite, laissant à chaque pas des prisonniers, des canons, des drapeaux.

Tandis que la France victorieuse repoussait devant elle cent mille Autrichiens et se trouvait aux portes de la capitale, Daumesnil, l'œil allumé, brandissait son sabre, animant son coursier et criant encore de sa voix puissante :

— Chargez!

Tout à coup le cheval fit un écart, ébranlé par un coup terrible qui frappait son cavalier. Le colonel s'affaissa en fermant les yeux... Un boulet venait de lui emporter la jambe gauche.

Chasseur à cheval
de la garde
1812

VII

HÉROÏSME DE DAUMESNIL

Daumesnil console ses amis qui pleurent sa blessure. — Daumesnil et Corbineau. — Daumesnil, par son dévouement, sauve la vie à son camarade. — Daumesnil, général de brigade, est gouverneur du fort de Vincennes.

La bataille de Wagram, commencée à quatre heures du matin, se termina à quatre heures du soir. Elle ne fut pas la dernière victoire des Français en Autriche, mais Napoléon voulait la paix à tout prix; il obtint un armistice, et la grande armée put se reposer sur ses lauriers.

Quant à Daumesnil, il ne fut pas ébranlé par l'épreuve qui le frappait. Sa résignation militaire, son énergie l'aidèrent à supporter le plus grand chagrin qui pouvait l'accabler.

Ne plus monter à cheval, ne plus chevaucher au milieu de ses soldats, ne plus suivre la grande armée à laquelle il était attaché par toutes les fibres du cœur, cela paraissait presque au-dessus de ses forces. Etre invalide à trente-deux ans, n'était-ce pas voir à jamais son avenir brisé?

Un poète, improvisateur de talent, M. Pradel, a bien défini la cruelle fatalité qui devait à jamais changer le beau cavalier Daumesnil en la « Jambe de bois »:

> Lorsque, dans les champs de la gloire,
> Ton courage fut arrêté,
> Un des lauriers de ta victoire
> A tes côtés était planté.
> Mars coupa, sur ces entrefaites,
> Ce laurier, ornement des rois.
> Des feuilles, il décora ta tête,
> Du tronc, fit ta jambe de bois.

L'héroïsme est plus encore dans l'abnégation que dans les actes de courage. Aussi admirons-nous le colonel de housards consolant ses amis qui pleuraient sa blessure.

Ce fut le docteur Larrey, un héros encore, celui-là, qui amputa la jambe de Daumesnil en plein champ de bataille. Un autre brave camarade du colonel, le général Corbineau, perdit également la jambe gauche à Wagram.

Les deux compagnons d'infortune furent transportés au palais Esterhazy à Vienne.

Napoléon entra solennellement à Vienne.

Ils avaient la même chambre, se soutenant mutuellement par de bonnes paroles. Corbineau dut au voisinage de Daumesnil de conserver la vie, car ce généreux housard, tout mutilé qu'il était, allait encore trouver le moyen de se dévouer.

Daumesnil et Corbineau étaient donc couchés sur leur lit de souffrance lorsque Napoléon entra solennellement à Vienne.

La fête devait être magnifique. Au dehors, on entendait les cris d'enthousiasme poussés par nos soldats et le bruit prolongé des feux d'artifice. Les illuminations avaient attiré au dehors tous les Viennois, voire même les serviteurs commis à la garde des deux blessés.

Après avoir égayé son voisin de lit toute la journée, autant qu'il le pouvait, par sa belle humeur et sa résignation imperturbable, Daumesnil devint silencieux à l'entrée de la nuit. Malgré lui, il fut frappé du contraste qui régnait entre la ville joyeuse et leur chambre triste, entre la clarté multicolore des illuminations et l'obscurité qui régnait en leur réduit, entre les cris de victoire et leurs cris de souffrance.

Peu à peu la gaîté factice du jeune homme fit place à une douloureuse oppression. Et là, sans témoins, des larmes coulèrent sur son mâle visage.

Ce moment de faiblesse fut troublé par

un bruit léger qui rompait la monotonie du silence. Daumesnil tendit l'oreille et crut entendre le bruissement que fait un liquide en tombant goutte à goutte sur le plancher.

Daumesnil appelle Corbineau.

Point de réponse.

Alors, inquiet, voulant savoir pourquoi son camarade se tait, le blessé cherche à se soulever.

Le moindre mouvement, en dérangeant son appareil, peut causer sa mort. Daumesnil le sait, et pourtant il s'appuie sur son coude, et regarde.

Du lit de Corbineau s'égoutte un liquide vermeil qui s'étend en large mare sur le parquet.

Plus de doutes! l'appareil de Corbineau s'est dérangé et l'hémorragie, si elle n'est arrêtée à l'instant, est mortelle.

Daumesnil appelle. C'est en vain. Les chants et les bravos qui éclatent dans la rue couvrent sa voix affaiblie.

Que faire? Va-t-il laisser son ami mourir ainsi sous ses yeux?

Réunissant ses forces, avec une énergie

dont il est seul capable, au risque de perdre la vie, Daumesnil se glisse au bas du lit. Il aperçoit Corbineau évanoui, ensanglanté; cette vue le décide à accomplir le plus bel acte de charité fraternelle. S'aidant avec ses mains, sa jambe droite et une chaise, il arrive jusqu'à la porte de la chambre et gagne l'escalier.

Il espère de là être mieux entendu, et appelle encore au secours.

Les domestiques sont tous sur le seuil du palais, ils n'entendent pas les cris du malheureux blessé.

Daumesnil s'accroche à la rampe; faible, épuisé, mutilé comme il est, il descend deux étages, non sans subir plusieurs chutes douloureuses.

Arrivé au vestibule il fait un dernier effort pour crier, pour appeler au secours de Corbineau; il ne songe pas à lui, le héros, mais il tremble pour son camarade.

Les serviteurs l'entendent enfin. Ils arrivent, terrifiés de voir au bas de l'escalier le colonel, à bout de forces et d'énergie, qui tombe évanoui dans leurs bras.

De semblables traits d'héroïsme se passent de commentaires!

L'acte de bravoure et de dévouement n'est rien encore auprès de la bonhomie qui cherche à le couvrir.

Des médecins sont appelés en toute hâte auprès des deux blessés. Grâce à Dieu, il était temps encore, ni l'un ni l'autre ne perdront la vie! Corbineau, dont on a replacé l'appareil et arrêté l'hémorragie, est revenu le premier à lui.

Les domestiques, honteux de leur négligence, ne cherchent pas à la cacher; la conduite de Daumesnil les a émerveillés, ils en instruisent son compagnon de chambre.

Touché jusqu'aux larmes, Corbineau guette à son tour avec anxiété la fin d'un évanouissement dont il est cause.

Le colonel ouvre les yeux, revient à lui, et aussitôt, sa bonne nature reprenant le dessus avec la vie :

— Savez-vous, mon général, j'ai été voir les illuminations? dit-il en souriant à Corbineau.

Paroles sublimes ajoutant leur cachet de

grandeur au dévouement dont Daumesnil avait fait preuve.

Le grade de général de brigade vint récompenser Daumesnil de ne plus être à la tête d'une armée active, et comme Napoléon voulait employer utilement l'intelligence et le dévouement de cet homme d'honneur, il lui confia le fort de Vincennes.

Le fort de Vincennes contenait pour plusieurs millions d'objets de valeur, plus le matériel de guerre et les munitions de l'armée. C'était non seulement un « fort coffre », mais un coffre-fort. Ce précieux dépôt s'élevait à une centaine de millions. A qui mieux confier d'aussi fortes sommes qu'à celui qui avait dédaigné les trésors de l'ennemi, afin de courir plus vite au secours de ses semblables?

Daumesnil méprisait l'argent qui n'était pas noblement gagné; il savait que le bonheur fuit la richesse, et ses désirs étaient aussi bornés que ses qualités étaient étendues.

VIII

MARIAGE DU GÉNÉRAL

Le salon de M. Garat. — Mlle Léonie Garat. — La garde de Vincennes. — Nos revers en Russie. — L'espoir en le Petit Caporal. — Napoléon à Sainte-Hélène.

Trois ans après la bataille de Wagram, en 1812, le général Yriex Daumesnil épousait Mlle Léonie Garat, fille du baron Garat, premier Directeur de la Banque de France.

C'est tout un poème que cette union entre une jeune fille de dix-sept ans et un soldat de trente-cinq ans, amputé d'une jambe.

Toujours brillant, plein d'esprit et d'entrain, malgré sa blessure, le général Daumesnil était un des hôtes assidus du salon de M. Garat, et sa belle humeur, sa franchise, son bon cœur, lui attirèrent bientôt la sympathie de Mlle Garat.

On s'était, pour ainsi dire, habitué sous l'Empire à voir les plus beaux soldats privés d'un membre, et ces invalides de l'honneur français, loin d'être un objet de pitié, gagnaient en valeur ce qu'ils pouvaient perdre en attrait.

Mlle Garat avait un cœur d'or, c'était l'ange du foyer paternel. Douce, compatissante, aimable, sa bonté faisait presque oublier qu'elle était jolie à l'encontre de certaines jeunes personnes qui, occupées uniquement de leur beauté, ne recherchent que les compliments et les hommages. Yriex Daumesnil apprécia de suite le charme et la vertu de Léonie Garat, il se dit que le bonheur devait habiter avec elle; pourtant, il n'osait la demander en mariage, à cause de son infirmité.

Mais il apprit bientôt que cette jambe coupée avait, au contraire, attiré sur lui l'affection et la compassion de cette douce jeune fille.

— Le refuser? avait-elle dit à sa mère.

Dieu m'en garde! Il attribuerait mon refus à son malheur, et c'est ce malheur qui m'attire.

Daumesnil obtint donc à la fois et sa nomination à Vincennes et la main de Mlle Garat. La part de satisfaction pour son orgueil et la part de bonheur pour son cœur.

Mlle Garat était Française dans toute l'acception du mot ; séduisante sans coquetterie, bonne sans affectation, honnête sans amertume. C'était la compagne qu'il fallait à notre héros.

L'Empereur avait donné à la *Jambe de bois* la gloire et la fortune. Daumesnil n'avait plus rien à envier au sort, puisqu'il trouvait une épouse modèle.

La désastreuse guerre de Russie n'était pas encore commencée lorsque Napoléon nomma Daumesnil gouverneur de Vincennes. L'Empereur savait par avance à quel homme il confiait un pareil trésor. Daumesnil devait garder Vincennes en dépit des ouragans populaires ou des légions ennemies. Il aurait plutôt anéanti le trésor des armées françaises que de le laisser tomber entre des mains étrangères.

Tandis que la jeune baronne Daumesnil était adorée des pauvres de Vincennes et

LE PASSAGE DE LA BÉRÉZINA.

Le 27 et le 28 novembre 1812 eurent lieu sur ses rives les combats dans lesquels le maréchal Victor se couvrit de gloire, et qui coûtèrent la vie à 4000 Français. Le matin du 29 novembre le général Eblé, pour retarder la poursuite des Russes, fit sauter les ponts : 7 à 8000 Français, qui s'étaient obstinés à rester sur la rive gauche de la Bérézina, furent massacrés par les Cosaques.

que le général se faisait respecter par sa droiture et sa justice, l'armée française éprouvait en Russie les revers des brillants faits d'armes qu'elle avait accomplis jusqu'à ce jour. Le climat meurtrier de la Russie devait faire son œuvre mortelle plus encore que le mauvais succès de nos rencontres. Le froid paralysait les plus braves, et Dieu sait combien de nos vaillants compatriotes se sont couchés sur la neige qui leur servait de linceul !

Daumesnil suivait nos défaites, le cœur navré. Tant qu'il avait fait partie de l'armée, la gloire avait marché au-devant des bataillons français : était-il donc vrai que le pauvre housard, « l'ange gardien » de l'Empereur, lui portait bonheur?

L'étoile du brave colonel avait pâli; Napoléon, astre superbe, autour duquel gravitait une constellation d'hommes d'élite, pâlissait à son tour sous les bises glacées de la Sibérie.

Les yeux sans cesse tournés vers le Nord, Daumesnil partageait l'opinion optimiste de tous les vieux soldats et se disait :

— Napoléon reviendra victorieux, *le petit caporal* nous sauvera encore une fois, les vautours russes peuvent-ils anéantir l'aigle de Wagram et d'Austerlitz?

Vaines espérances! Napoléon ne revint pas! Ce furent les alliés, les étrangers, qui inondèrent de leurs légions les plaines fertiles de la France, en les saccageant.

On était en 1815. Napoléon venait d'être emmené prisonnier à Sainte-Hélène. L'aigle était en cage et l'Angleterre avait joué le rôle indigne de l'oiseleur. Sur ce rocher d'Afrique, une chaîne de fer rivée au pied, que pouvait plus pour ses fidèles, l'aigle au vol immense?

Daumesnil avait reçu Vincennes des mains de son maître, et bien que ce maître ne fût plus celui de la France, la *Jambe de bois* gardait le dépôt qu'il lui avait confié.

L'exemple du gouverneur de Vincennes sera suivi toujours par les bons patriotes.

Le pays avant tout, même avant nos sympathies et nos intérêts.

Daumesnil, imperturbable, voyait s'avancer les ennemis. Il savait que Vincennes était imprenable, bien qu'il n'eût pour le défendre que quelques invalides; mais il savait aussi que la forteresse était le point de mire des alliés, car elle contenait la seule richesse qu'eût encore la France.

IX

LA JAMBE DE BOIS

L'envoyé allemand. — La réponse de Daumesnil.

Blücher, le chef prussien, commandait les troupes qui enveloppèrent peu à peu Vincennes dans un cercle de fer et de feu. Puis, croyant avoir suffisamment intimidé la *Jambe de bois,* il fit flotter le drapeau blanc et envoya un parlementaire.

Le général Daumesnil fit abaisser le pont-levis et apparut sur le seuil de la forteresse, appuyé sur sa canne et entouré de quelques officiers. L'envoyé allemand salua respectueusement le général (le prestige de Daumesnil rayonnait jusqu'en son pays), et lui transmit l'ordre de Blücher qui le sommait de se rendre.

Daumesnil, pour toute réponse, montra

sa jambe de bois au parlementaire, et lui dit :

— *Je vous rendrai la place quand vous m'aurez rendu ma jambe.*

Je vous rendrai la place quand vous m'aurez rendu ma jambe.

Cette fière réplique est digne de figurer à côté des prouesses des grands capitaines d'autrefois.

Nos descendants rediront avec orgueil la

gloire de Daumesnil qui est celle de toute la France.

Puisque la *Jambe de bois* refusait de se rendre, le chef prussien eut la pensée de détourner les eaux qui alimentaient le fort de Vincennes.

Ne pouvant affamer ni assiéger la poignée de héros qui défendaient la forteresse, il les réduirait par la soif. Le plan était habile et de bonne guerre. On commença donc des travaux à Montreuil, pour empêcher l'eau d'arriver à Vincennes.

Ayant appris le projet de Blücher, Daumesnil écrivit une lettre au général prussien, dans laquelle il lui assurait, sur sa parole d'honnête homme, qu'il ferait sauter le fort plutôt que de jamais se rendre.

La baronne Daumesnil, aussi héroïque que son mari, était prête à mourir à ses côtés.

Blücher connaissait Daumesnil, le savait capable de tenir sa promesse, car il existait dans les caves de la citadelle une énorme provision de poudre.

Aussi, payant par une repartie spirituelle,

ce grave échec, l'Allemand ordonna de cesser les travaux de dérivation et laissa couler l'eau en disant :

— Voilà un diable d'homme qui veut, décidément, que je lui mette de l'eau dans son vin.

Conscrit.
1814

X

IL NE VOULUT NI SE RENDRE NI SE VENDRE[1]

Les trois millions. — Louis XVIII rentre en France. — Daumesnil donne de bons conseils à ses amis. — Daumesnil reprend du service.

Avant de détourner les eaux de Montreuil, Blücher avait tenté de faire capituler Daumesnil d'une autre façon. Celle-ci ne réussit pas mieux que le parlementaire et que l'intimidation.

Sachant qu'avec la déchéance de Napoléon, le général restait sans fortune, il fit offrir, *par écrit*, TROIS MILLIONS, s'il voulait rendre la citadelle.

Daumesnil n'avait point voulu se rendre; encore moins voulait-il se vendre.

1. Paroles de M. Dupin à la Chambre des Députés.

Il renvoya l'officier prussien qui avait apporté le message de Blücher, avec ces mots :

« Sachez, Monsieur, qu'un Français ne s'achète point. Je ne vous rendrai pas la place, mais je ne vous rendrai pas votre lettre. A défaut d'autres richesses, elle servira de dot à mes enfants. »

Mais Daumesnil, fidèle gardien de Vincennes; devait bientôt remettre le dépôt qu'il avait si vaillamment gardé. L'empereur Napoléon était vaincu.

Avec le drapeau, Daumesnil quitta Vincennes, il suivit sa chère bannière dans l'oubli et l'inaction, comme il l'avait suivie à la gloire et au combat.

Après avoir remis entre les mains du nouveau gouverneur les clefs du fort, Daumesnil accepta sa modeste retraite, et partit appuyé sur le bras de sa jeune femme. Il choisit une paisible demeure, où il devait vivre très retiré, presque oublié.

Une pension modique lui fut servie, et pendant quinze ans cet esprit vif, entreprenant et vigoureux, resta inactif dans sa maisonnette. Tout à sa famille, il s'occupait fort peu de ce qui se passait en dehors d'elle. Parfois il recevait de vieux amis, des soldats rejetés à l'écart, comme lui, qui maugréaient contre le gouvernement.

Loin d'attiser leur haine par son ressentiment, le général tâchait toujours de pacifier les esprits et refusa sans cesse de se mêler aux intrigues politiques. Autant il se rappelait avec plaisir les ruses de guerre de notre armée, autant il redoutait et blâmait les ruses des partis.

— Le pays est-il content? est-il prospère? Les affaires sont-elles florissantes? Y a-t-il du travail pour tous, du pain pour les pauvres et une justice pour les chenapans? Si la France est heureuse, cela me suffit.

Lorsque par une belle matinée d'été le général se promenait dans son jardin, au bord de la Seine, les mariniers, en passant, le saluaient respectueusement et se le montraient, en disant :

— Voici la *Jambe de bois*, celui qui n'a voulu ni se rendre ni se vendre.

Daumesnil comptait des amis puissants, des *anciens* qui n'avaient pas craint de suivre le nouveau régime. Le général les recevait, ne les blâmait point, mais éloignait absolument toute allusion à une position quelconque.

C'était avec le drapeau tricolore qu'il voulait revenir. Il revint en effet. En 1830, la France appela Daumesnil à un poste périlleux et le général s'y élança avec joie, avec ardeur, il faut l'avouer, car les natures comme la sienne souffrent cruellement de l'inaction. Elles ont une soif de se dépenser, de se dévouer, qui est peu commune. Être nécessaire à son pays est un si grand bonheur! lui être simplement utile est déjà une si douce joie!

Dans sa carrière militaire Daumesnil avait montré la valeur guerrière sous ses aspects les plus variés et les plus chatoyants : beau vainqueur, généreux et bon, fier cavalier, courageux et stoïque. Pendant quinze ans d'oisiveté forcée, il montra qu'il possédait encore toutes les qualités qui font chérir et respecter un père de famille. Maintenant il allait apparaître à la postérité sous un jour nouveau, comme le modèle du noble citoyen.

XI

DE NOUVEAU A VINCENNES

Les réflexions de Daumesnil. — Les ministres à Vincennes. — L'honneur et la consigne. — Les ministres sauvés. — Mort du général Daumesnil.

C'était encore Vincennes qu'on avait confié à Daumesnil.

La citadelle et lui se connaissaient, car ni l'un ni l'autre ne bronchaient devant l'ennemi.

Aussi heureux qu'il fût de reprendre le commandement de Vincennes et d'y arborer le drapeau tricolore, Daumesnil fut peiné d'apprendre que ce retour de la bannière chérie et triomphante avait coûté du sang, du sang français. Prodigue du sien, Daumesnil n'aimait pas à voir couler celui de ses frères. Il ne concevait pas que des partis eussent le pouvoir de rendre des Français ennemis des Français. La guerre fratricide lui paraissait aussi douloureuse que la guerre de conquête lui avait semblé grandiose.

Il se montra compatissant pour les vaincus. Il avait souffert pendant quinze ans de leur injustice, peut-être, mais il leur pardonnait de grand cœur. L'oubli dont il avait été entouré lui parut moins triste que la tâche qui lui incombait de garder maintenant des prisonniers d'État. Et quels prisonniers ! Des ministres que le peuple avait acclamés hier, qu'il menaçait aujourd'hui.

L'émeute, ainsi qu'une armée ennemie, s'avançait sur Vincennes en proférant des cris de mort. Ce n'étaient plus les troupes de Blücher que le général Daumesnil avait à combattre — il le regrettait amèrement — c'étaient des Français, des Parisiens qui arrivaient en foule houleuse, réclamant les ministres pour les écharper.

A tout prix il fallait calmer ces furieux,

il fallait sauver les vies qui étaient mises sous sa sauvegarde.

Habitué à braver le danger en face, Daumesnil se présenta devant les insurgés qui avaient bloqué la citadelle et se répandaient en menaces contre les ministres, contre les prisonniers du général.

Très calme en apparence, Daumesnil interpelle un des gamins les plus animés, un de ceux qui crient le plus fort.

— Viens çà, mon ami, lui dit-il, tu vas me servir de bâton de vieillesse; dans ma précipitation j'ai oublié ma canne.

Et il s'appuya sur l'épaule de l'enfant, qui se sentit tout fier de servir de soutien à la *Jambe de bois*.

— Voyons, mes enfants, dit le général de sa voix tonnante, en s'adressant aux insurgés, ne me reconnaissez-vous pas ? Ne savez-vous pas que Daumesnil ne sait, *ni se rendre ni se vendre ?* Il y a quinze ans j'ai gardé là-dedans (et le général désignait la forteresse) des armes et des millions que les Prussiens voulaient enlever. J'exécutais ma consigne. Aujourd'hui je ne puis vous donner mes prisonniers, car j'ai pour consigne de les garder. Vous savez que rien au monde ne me fera transiger avec mon devoir ?

Les généreuses paroles de Daumesnil eurent le bonheur d'apaiser les insurgés.

— C'est vrai, se dirent-ils, nous ne pouvons pas exiger de la *Jambe de bois* qu'il fasse quelque chose contre son honneur, contre sa consigne.

La foule déguenillée qui était venue en hurlant s'éloigna plus paisible. Elle ne proférait plus des menaces, elle criait : *Vive Daumesnil ! Vive la Jambe de bois !* Le brave général venait de sauver les infortunés ministres de la fureur populaire.

Le comte de Peyronnet, le comte de Guernon-Ranville, qui étaient au nombre des prisonniers d'État, conservèrent un souvenir ineffaçable des bontés de Daumesnil à leur égard.

Transférés à Ham, ils écrivirent souvent à leur généreux commandant, regrettant de ne plus être sous sa dépendance, de ne plus avoir la charmante société de la baronne Daumesnil et de ses filles, qui savaient adoucir, par une charité angélique, la triste condition des prisonniers.

En 1831, Daumesnil fut nommé général de division. Le bâton de maréchal qu'il eût recueilli rapidement sur un champ de bataille ne vint pas couronner sa noble carrière.

Un an plus tard, le choléra éclata. Le général plaisantait en voyant prendre des précautions en prévision de l'épidémie. Lui, allait visiter ses soldats malades et leur disait :

— Vous guérirez, mes amis, le choléra sera traité ici en ennemi, et l'entrée de la citadelle lui est interdite.

Hélas! ce fier général qui avait bravé tant de fois la mort, qui avait vu pleuvoir autour de lui des boulets et des balles, fut une des premières victimes du fléau.

Malgré les soins dévoués de sa femme, de son fils et de ses filles il succomba, frappé par cette horrible maladie qui le prit en pleine santé et en plein bonheur.

XII

LA FRANCE A DAUMESNIL

Les funérailles de Daumesnil. — Le discours de M. Dupin. — Périgueux et Vincennes. — La famille Daumesnil était d'origine normande.

C'était une âme vaillante que la veuve de Daumesnil. La douleur, aussi profonde qu'elle fût, ne devait pas la terrasser. Tout sembla d'ailleurs concourir à vouloir, sinon la consoler, du moins partager son deuil.

Les funérailles de Daumesnil furent très imposantes. Après le fils du général venaient des officiers généraux de toutes armes, des ambassadeurs, des magistrats, des députations de la garde nationale, des Écoles polytechnique et du commerce, des Invalides — ceux-là mêmes qui avaient combattu sous les ordres de Daumesnil — et toute la garnison de Vincennes.

Au cimetière, M. Dupin fit un discours ému, qui se terminait par ces généreuses paroles :

« Sommeille en paix dans cette terre que tu as sauvée ! Ton âme est au ciel, ton nom est à l'histoire, tes enfants sont à la France. »

Malgré la réserve imposée en pareil lieu, des applaudissements se mêlèrent aux sanglots, aux salves des canons et au roulement des tambours.

Le 28 décembre 1832, le conseil municipal de Périgueux décida à l'unanimité que le portrait du général serait placé dans la salle de ses séances ; qu'une table de marbre, portant, gravés en lettres d'or, son nom et la date de sa naissance, serait placée sur la façade de la maison où il naquit, et que la place Royale s'appellerait désormais place Daumesnil.

De son côté, Vincennes rivalisait de sympathique hommage avec Périgueux. L'un revendiquait l'honneur du berceau, l'autre, celui de la tombe. Vincennes ne s'en tint pas à offrir un dernier asile à son vaillant défenseur; elle voulut qu'une inscription, gravée sur la colonne s'élevant au-dessus du monument funèbre et portant en tête les dates 1814 et 1815, racontât aux siècles futurs le noble passé de ce héros.

Au général Daumesnil,

la commune de Vincennes reconnaissante.

Périgueux, qui s'honore d'être la ville natale du général, n'empêche pas que la famille Daumesnil soit d'origine normande. Le père et la mère de Daumesnil étaient nés à Fresnay, canton de Bretteville-sur-Laize, près de Caen.

La famille de la Jambe de bois était très ancienne et de noble origine.

Aumesnil ou Daumesnil est une terre à mi-côte de Caen à Falaise. Elle donna son nom à des seigneurs dont l'un, Roger d'Aumesnil, vivait en 1251. Cette famille, dont la filiation se suit jusqu'au père du général, avait rendu des services à la France, car elle portait un blason « de gueules à deux chevrons d'or, accompagnés en pointe d'une fleur de lis d'argent ».

Et les fleurs de lis n'étaient concédées aux familles que pour services rendus au roi et à l'Etat.

On voit que Daumesnil suivait le bel exemple de ses aïeux.

Grenadier
de la garde nationale.

XIII

LA SURINTENDANTE DE SAINT-DENIS

La baronne Daumesnil reçoit Napoléon à Vincennes. — Mme Daumesnil est nommée surintendante de la Légion d'honneur. — La baronne fonde une caisse de secours. — Vincennes et Saint-Denis.

Quand la veuve du général quitta une seconde fois la citadelle de Vincennes, ce ne fut plus pour soutenir et consoler un noble époux, ce fut pour se retirer du monde et se renfermer dans son deuil avec ses trois enfants, la seule joie qui lui restât.

La baronne Daumesnil possédait une âme fière et virile toute semblable à celle de son mari. Elle avait pour principe que la gloire et la vertu passent au-dessus de toute chose ici-bas.

Ainsi l'on raconte que Napoléon étant

venu à Vincennes, quelque temps avant son départ pour la guerre de Russie, la baronne lui présenta son fils Léon à peine âgé d'un an. L'Empereur embrassa le bébé et demanda à sa mère ce qu'il pouvait faire pour lui.

— Rien de plus, Sire, répondit-elle.

L'excellente femme devait vivre avec ses souvenirs, faisant germer dans le cœur de ses enfants l'amour de la patrie et du devoir.

Les années se passèrent. En 1851, le prince Président de la République, qui devint l'année suivante Napoléon III, nomma la baronne Daumesnil à la surintendance de Saint-Denis, devenue vacante par la mort de la baronne Dannecy.

Elle fut tirée de l'ombre où elle vivait volontairement depuis dix-neuf ans, comme Daumesnil fut rappelé, après une retraite volontaire presque aussi longue.

Prête à rendre service, à faire revivre, par amour pour la mémoire de son mari, le beau nom de Daumesnil, elle accepta la lourde tâche qu'on lui confiait. Cette tâche, il faut l'avouer, était douce à son

La baronne Daumesnil, surintendante de la Légion d'honneur.

cœur. Ces filles de militaires lui rappelaient vaguement le temps des grandes épopées de Napoléon. Et puis, cette grande maison de Saint-Denis était encore pleine des souvenirs d'un passé cher à son cœur. La baronne était là chez elle, au milieu de ses enfants, de ses petits-enfants veux-je dire, car le général s'étant montré le père des soldats qu'il commandait, sa veuve en retrouvant les filles de ces mêmes soldats pouvait s'intituler leur grand'mère.

« Mme Daumesnil citait toujours avec
» orgueil la réception qui lui fut faite à
» Saint-Denis. La noble maison avait pour
» devise : « Honneur et patrie ! » deux mots
» qui semblaient résumer sa vie tout entière.

» Les parents des élèves se souviennent
» toujours de l'accueil aimable, de l'esprit
» de justice de la surintendante.

» Elle fonda une caisse de secours des
» anciennes élèves pour venir en aide à
» celles qui, étant sorties de la maison, se
» trouvent dans le besoin.[1] »

[1] *Biographie de la baronne Daumesnil* par une ancienne élève de Saint-Denis.

La maison de la Légion d'honneur à Saint-Denis.

Son âme charitable trouvait de l'essor en cette grande institution.

On la trouvait nuit et jour au chevet des malades pendant les épidémies, assistant à toutes les opérations chirurgicales, ne cessant d'administrer avec la plus haute sollicitude, et donnant l'exemple d'un caractère infatigable et de vertus sans bornes.

Les plus augustes visiteurs se faisaient un devoir d'aller saluer la veuve de Daumesnil, dans ce gouvernement de Saint-Denis, où elle rappelait la droiture du gouverneur de Vincennes.

Des illustrations, des poètes, et des malheureux venaient aussi à elle. Les uns lui laissaient une page de poésie, en hommage et pour marquer leur visite; aux autres, elle faisait quelque charité « afin qu'on partît content » de ce joli voyage. Lamartine, Victor Hugo, Lacretelle, Emile Deschamps, Maria Delcambre, Anaïs Ségalas, déposèrent un bouquet poétique sur l'album de la vénérée baronne.

Nous citerons, entre autres, cette pièce de vers qui résume les deux noms attachés par des liens de reconnaissance au nom des deux Daumesnil:

VINCENNES — SAINT-DENIS

Vincennes-Saint-Denis. O cloître! ô citadelle!
L'un plein de jeunes fleurs, l'autre de vieux canons,
Du brave Daumesnil, de sa veuve fidèle,
Vous proclamerez les deux noms!

La France confia ses soldats héroïques
A la Jambe de bois, cœur d'or, bras de fer,
Exemple des vertus guerrières, stoïques.
On sait comme il garda ce dépôt noble et fier.

Et la France, aujourd'hui, remet ses jeunes filles
Sous la main, qu'en mourant, pressa le général;
Afin qu'après dix ans ce trésor des familles,
Plus riche et plus parfait retourne aû toit natal.

Le poéte Emile Deschamps avait raison de réunir encore une fois ces deux époux parfaits dans une image gracieuse, chacun à leur poste d'honneur, l'un à Vincennes, l'autre à Saint-Denis.

Pendant dix-huit ans, la générale Daumesnil dirigea la maison de la Légion d'honneur. Mais en 1870, se sentant très souffrante et très fatiguée, elle donna sa démission qu'on n'accepta qu'avec regret. On savait quelle femme de mérite, quelle mère tendre et affectionnée Saint-Denis allait perdre. L'Empereur ne voulut pas enlever pour toujours à la baronne Daumesnil le titre qu'elle avait si honorablement porté, et la nomma surintendante honoraire.

Tirailleur algérien
(à la création).

XIV

NOUVEAUX HOMMAGES A DAUMESNIL

La statue de Vincennes. — Les fêtes d'inauguration.

En 1873, il fut décidé qu'une statue serait élevée à Vincennes, au général Daumesnil, en face du fort qu'il avait si vaillamment défendu.

La statue de bronze représente le général au moment où l'officier prussien, envoyé par Blücher, lui dit de se rendre. On sait sa vaillante réponse.

L'attitude de Daumesnil est pleine de noblesse, et on a conservé à sa physionomie aimable et belle l'expression de fierté qui devait alors l'animer. Toutes ses rancunes contre l'ennemi de la France, quel qu'il soit, se réveillent tout à coup. Il se rappelle la terrible journée de Wagram, et les souffrances physiques et morales qui s'ensuivirent. Ce qu'il a enduré, c'est par amour pour la France; il s'est résigné parce qu'elle était victorieuse et qu'il faisait le sacrifice de son existence brisée sur l'autel de la patrie. Mais le jour où la France est investie, où elle est vaincue, il ajouterait la reddition du fort de Vincennes à ses défaites? — Non, non, plutôt mourir! — L'esprit gaulois, moqueur et téméraire, glisse avec un sourire ironique sur les lèvres du général.

Il ne travaille pas pour le roi de Prusse.

Un grand parc, ayant un lac, à l'instar du bois de Boulogne, une avenue de plusieurs kilomètres de long, une large place munie d'une superbe fontaine, prennent le nom de Daumesnil.

Il semble que ce grand nom protège le faubourg qui conduit à Vincennes.

La cérémonie d'inauguration fut splendide. La baronne Daumesnil y assistait, entourée de ses enfants et de ses nombreux amis. Quelle consolation pour son cœur, quelle gloire pour ses descendants que cette fête bénie! La France est reconnaissante, elle sait récompenser ses enfants, et c'est après leur mort qu'elle met à leur front l'auréole de la célébrité.

Quelle émotion pour le cœur de cette épouse incomparable, lorsqu'au bruit des tambours tombèrent les voiles qui couvraient la statue de celui qu'elle avait tant aimé!

Des applaudissements frénétiques secouent la foule attendrie, les cris de : *Vive la France! vive Daumesnil!* éclatent de tous côtés. Sa digne veuve recueille sa part de ces suffrages sympathiques, on sait combien elle a été dévouée, patriote et bonne. Le public la salue respectueusement, tandis qu'elle essuie des larmes de joie.

Plusieurs discours sont prononcés au pied du monument, par le général de Ladmirault, le maire de Vincennes, le maire de Périgueux, le baron Larrey, fils du célèbre chirurgien qui avait amputé Daumesnil à Wagram.

Tous ces hommes éminents rappellent

les traits principaux de la vie que nous venons d'esquisser. Les titres de général et de baron que Napoléon accorda à Daumesnil n'ont pas paru suffisants, après la généreuse défense de Vincennes.

Cet invalide de la gloire a montré que, malgré sa jambe de bois, il faisait encore partie de l'armée active des braves. Le grade de général de division lui est acquis. Bientôt le bâton de maréchal allait poindre. On l'avait taillé dans du bois de laurier, tel qu'il convient pour un héros... Mais la mort est venue. Cette importune qui ne connaît ni âge, ni heure, ni considération, a forcé la porte de la citadelle. Elle a sommé Daumesnil de se rendre. Et le général a rendu sa belle âme à Dieu!

Les discours achevés, le défilé de toutes les armes commence :

Du haut de son piédestal, Daumesnil passait la revue une dernière fois.

Et comme un rayon de soleil vint en ce moment éclairer le visage de bronze du général, il parut à tous qu'il souriait à ses soldats.

On vit s'avancer fièrement, musique en

tête, la Garde républicaine; ceux-là même dont la réputation comme soldats et comme musiciens n'est plus à faire. Courage et harmonie vont souvent d'accord.

Puis défilent nos troupes de ligne en rangs serrés, ces sympathiques *redingotes grises*, si populaires et si aimées.

Voici l'artillerie, sombre et fière, ses fourgons, ses canons, qui résonnent sur le pavé comme une sourde menace, et ses beaux cavaliers qui sèmeront la victoire.

Maintenant les dragons arrivent en galopant. Leurs crinières rouges semblent, de loin, des flammes attachées à leur casque... Fière allure aussi et maintien sévère...

Mais un éclair les suit... Ce sont les cuirassiers. Les braves gens! On bat des mains à leur approche. On n'a pas oublié Reischoffen.

Le bruit de leur chevauchée n'est pas encore assourdi que les chasseurs débouchent à leur tour. Ces jeunes gens à la casaque bleue toute passementée, à l'allure martiale, séduisent le public qui les acclame.

Les applaudissements retentissent de plus

belle, la foule est émue, elle a aperçu la députation des invalides qui viennent rendre hommage à la « Jambe de bois »... Ce héros n'est-il pas le leur? N'est-il pas le général des «mutilés de la gloire »? Les débris de toutes les armes, humblement revêtus de la tunique bleu-foncé, n'ont-ils pas droit aux suffrages?

C'est pour eux que le *gloriæ victis* a été prononcé.

Ils sont salués avec respect au passage.

On sait qu'avec Daumesnil, ils ont défendu Vincennes.

Quand Blücher tirait à boulets rouges sur le fort, qui lui répondait non moins bruyamment, du reste, Daumesnil faisant allusion aux « jambes de bois » qui l'entouraient avait dit :

— Décidément, les Prussiens visent très mal; avec toutes leurs boules ils n'ont pas renversé une quille.

XV

A PÉRIGUEUX

La baronne Daumesnil à Périgueux. — Les habitants sont en fête. — Visite à la maison où naquit Daumesnil. — Une carte de visite du général.

Le Périgord, jaloux de s'être laissé distancer par la capitale, veut, lui aussi, élever une statue à un de ses enfants, car Daumesnil a honoré la cité qui l'a vu naître.

Le 1er octobre de cette même année 1873, le 100e de ligne, commandé par le colonel, de Launay, était tout entier sous les armes ainsi que les brigades de gendarmerie, renforcées des brigades voisines et d'une batterie du 14e régiment d'artillerie, envoyée de Bordeaux par le ministre de la guerre.

A deux heures précises, M. de Toustain

du Manoir, préfet de la Dordogne, accompagné du conseil de préfecture, vient prendre place sur l'estrade.

Arrivent en même temps l'évêque de Périgueux et le général Carré de Bellemare, délégué du ministère de la guerre.

Presque aussitôt un grand mouvement de curiosité sympathique agite la foule. C'est la baronne Daumesnil qui arrive. La vaillante femme a voulu faire ce voyage qui lui permet encore de douces et chères émotions.

Ces mots : *Voici Mme Daumesnil,* volent de bouche en bouche, et produisent comme une commotion électrique.

La voiture apparaît en effet, pouvant à peine se frayer un passage à travers les flots d'une population enthousiaste.

Là, rien d'officiel, rien de préparé, c'est la ville tout entière qui est venue pour saluer la compagne d'un héros.

Toutes les têtes se découvrent respectueusement, et des cris multipliés de : *Vive Madame Daumesnil !* se font entendre de toutes parts.

La vénérable octogénaire est très sensible à cette démonstration affectueuse et répond par des gestes de remerciement aux cris de la foule.

Son fils, le baron Daumesnil, qui l'accompagne est également l'objet d'un sympathique empressement.

La baronne Daumesnil est souffrante, mais elle a vaincu la maladie pour venir, à quatre-vingts ans, assister à l'apothéose de son époux.

Elle reçoit les compliments du Préfet et de toutes les personnes de distinction de la ville. Le maire lui offre un superbe bouquet.

Pendant la cérémonie se renouvellent pour elle les émotions de Vincennes. Elle pleure, mais ce sont de douces larmes.

En montant dans sa voiture, elle la trouve inondée de fleurs. Et on acclame au retour la veuve du guerrier.

Périgueux ménageait à ses hôtes de nouvelles surprises.

A huit heures du soir, une retraite aux flambeaux, organisée par le 100e de ligne, parcourut la ville.

Rien ne saurait rendre l'effet pittoresque de ces milliers de lanternes allégoriques et multicolores, dont la file interminable se développait sur toute la longueur des boulevards, pendant que la musique militaire, les tambours, les clairons et les trompes de chasse exécutaient le joyeux air de *la Retraite de Crimée,* si cher à tous les Français.

L'une des lanternes représentait le château de Vincennes, avec son donjon et ses fossés; elle en précédait une autre qui représentait jusque dans ses dimensions la statue du général. Celle-là était portée par huit hommes. La longueur du cortège était au moins d'un kilomètre.

Cette belle retraite à peine terminée, un coup de canon retentit. C'est le signal du feu d'artifice. Il s'élance en fusées tricolores dans le ciel, comme s'il voulait y inscrire, en lettres d'or, le nom glorieux du général.

Ces fêtes durèrent trois jours, pendant lesquels il y eut d'abondantes distributions de vivres aux indigents qui, eux aussi, eurent l'occasion de bénir cette belle inauguration.

Avant de quitter Périgueux, la baronne Daumesnil voulut visiter la maison où naquit son époux. Cette maison est située au n° 30 de la rue Daumesnil, près la cathédrale de Saint-Front. Elle est désignée à l'attention publique par une plaque de marbre blanc, avec cette inscription en lettres d'or : « *Ici naquit, le 27 juillet 1776, Yriex Daumesnil, lieutenant-général des armées du roi.* »

Prévenus de l'arrivée de Mme Daumesnil et de son fils, les locataires de la maison l'avaient ornée de tapis et de fleurs.

MM. Amouroux, Desplats, M. et Mme Gervais reçurent les visiteurs qui parcoururent avec émotion cette demeure où le général avait fait ses premiers pas, où il avait grandi, possédant déjà dans son cœur ces germes de bravoure et de loyauté qui devaient plus tard le distinguer.

L'enfance est beaucoup plus qu'on ne le croit, l'esquisse de l'homme futur. Tel enfant qui ne se corrigera pas d'un défaut, futile en apparence, verra en grandissant ce défaut croître avec lui et étouffer parfois de fort bons sentiments, d'excellentes dispositions. C'est donc surtout dans l'enfance qu'il faut se corriger si on veut devenir digne du nom de *Français*, que l'on porte, non seulement comme un titre, mais surtout comme une qualité.

Mme Daumesnil, en entrant dans la chambre où son mari est né, vit avec surprise et attendrissement, qu'on avait poussé la délicatesse jusqu'à placer dans l'alcôve une inscription commémorative.

De plus, M. Amouroux fit un touchant discours qui se terminait ainsi :

— ... Lorsque le voyageur viendra visiter cette demeure, où Daumesnil a reçu le jour et passé son enfance, nous la lui montrerons avec orgueil, en disant : Là est né le brave des braves qui, en 1814 et 1815, résista le dernier aux invasions étrangères et tira les derniers coups de canon pour l'indépendance de la France.

La baronne Daumesnil témoigna d'une façon émue sa reconnaissance aux personnes qui l'entouraient, et leur dit combien elle était heureuse d'avoir visité cette maison, si remplie de précieux souvenirs.

Puis, tirant de son carnet une *carte de visite du général Daumesnil,* qu'elle avait retrouvée dans ses papiers, elle la remit aux locataires, en leur disant avec beaucoup d'à-propos :

— Veuillez l'accepter. C'est le général Daumesnil qui vous fait aujourd'hui sa visite de remerciement.

Infanterie

XVI

LA FIN D'UNE BELLE VIE

Les paroles de M. Legouvé. — Les conseils de la grand'mère. — La pensée de Léïla Hanoum. — La baronne Daumesnil soigne sa femme de chambre. — Mort de la baronne Daumesnil.

La baronne Daumesnil, de retour à Paris, continua à faire l'admiration et le charme de tous ceux qui avaient le bonheur de l'approcher.

Aimable et spirituelle, on ne pouvait oublier, lorsqu'on l'avait vu, ce visage fin et doux, si étonnamment conservé, malgré un si grand âge.

C'était le type idéal et rêvé de l'*aïeule*, celle dont un académicien de talent, Legouvé, parle avec tant de respect et de tendresse.

« Un foyer où il manque le fauteuil de l'aïeule, dit-il, est un foyer vide. »

Il a raison : que de choses intéressantes et bonnes n'apprend-on pas de sa grand'-mère! Lorsqu'on est enfant, on apprécie peu ces qualités d'octogénaire. On trouve que grand'mère radote un peu : ... *Dans mon temps, tout allait mieux, dans mon temps!* Et certes, elle a raison. Valons-nous mieux que nos ancêtres?

N'est-ce pas notre aïeule qui nous raconte ces choses de son passé, à elle, qui nous semble si éloigné, si éloigné, et que nous retrouvons plus tard avec un bonheur infini!

La patience et l'amour de notre grand'-mère ne se retrouveront jamais plus pour nous.

Aussi, quel touchant spectacle présentait cette vénérable femme faisant jouer ses arrière-petits-enfants, et leur enseignant la connaissance du beau et du bien!

L'intelligence de Mme Daumesnil avait conservé sa lucidité jusqu'à son dernier jour. Elle avait l'esprit très orné, savait une foule de choses et sa conversation était des plus intéressantes.

Tant d'événements s'étaient déroulés sous ses yeux! Elle avait vécu sous tant de règnes! Depuis les souvenirs de son père (qui avait été incarcéré sous la Terreur à la prison de la Force, et ne dut son salut qu'au 9 thermidor), elle n'avait pas oublié le Directoire et ses modes étranges, le Consulat, le premier Empire, la première Restauration, les Cent-Jours, la seconde Restauration, Louis-Philippe, la Révolution de 1848, Napoléon III, la Commune et enfin la République.

Toutes les formes de gouvernement avaient vécu en ces quatre-vingt-neuf ans, et c'était elle surtout qui pouvait répéter cette pensée de Léïla Hanoum :

« Si la fragilité de la puissance humaine pouvait s'apprendre en un jour de victoire, c'est toujours sur le front du vaincu que devrait l'étudier un vainqueur. »

Mme Daumesnil possédait, non seulement une mémoire étonnante et une manière de s'exprimer tout à fait choisie, mais elle excellait dans l'art d'écrire. Ses lettres peuvent servir de modèle, dans leur style simple et charmant où se reflétait toujours la bonté de son cœur.

Cette noble femme aurait pu vivre cent ans; elle avait une de ces fortes organisations devenues si rares de nos jours, mais elle s'oubliait sans cesse pour songer aux autres.

Sa femme de chambre étant tombée malade, elle voulut la soigner elle-même, oubliant son grand âge et n'écoutant pas les vives instances de ses enfants qui voulaient l'obliger à prendre du repos.

Elle fut saisie par le froid, et comptant sur son admirable constitution, elle refusa tout d'abord de se laisser donner les premiers soins.

Un médecin fut enfin admis à la voir; c'est avec peine qu'elle voulut prendre ses médicaments, car elle avait horreur de s'occuper d'elle. Il le fallait bien pourtant.

Elle sentit la mort venir doucement, et elle la reçut, calme et digne, comme devait la recevoir cette femme sans peur et sans reproche.

Elle envoya télégraphiquement sa bénédiction à la maison de Saint-Denis, qui depuis deux jours priait et pleurait; elle exprima le désir d'être ensevelie avec la robe qu'elle portait en soignant son mari, lorsqu'il fut enlevé par le choléra en 1832; puis après avoir adressé un dernier adieu à sa famille, elle s'endormit doucement le 6 avril 1884, à une heure du matin.

Ses obsèques furent célébrées avec grande pompe et au milieu d'une affluence considérable. Le cercueil disparaissait sous les fleurs, et derrière le char funèbre marchait un maître des cérémonies portant sur un coussin voilé d'un crêpe le grand cordon et la croix des surintendantes de la Légion d'honneur. Puis venaient les députations des élèves de Saint-Denis, d'Écouen et des Loges, ayant à leur tête le général Rousseau.

Après l'absoute, le cercueil fut transporté au cimetière de Vincennes, où Mme Daumesnil repose à côté de son époux.

. . . .

L'union bénie de ces deux âmes vaillantes, chevaleresques et patriotes, restera comme le modèle du bonheur dans le mariage, de la fidélité dans le devoir et de la gloire puisée dans *l'amour du pays.*

Dragon

TABLE DES MATIÈRES

SAINT-DENIS. — IMPRIMERIE ALCIDE PICARD ET KAAN. — C. P. 25444-8.

www.ingramcontent.com/pod-product-compliance
Ingram Content Group UK Ltd.
Pitfield, Milton Keynes, MK11 3LW, UK
UKHW020242220726
13923UKWH00002B/785

9 782019 477561